I SEGRETI DEL RISPARMIO QUOTIDIANO

Sylvain MILO N

SYLVAIN MILON

CONTENUTI

INTRODUZIONE

I segreti del risparmio quotidiano è una guida pratica che vi aiuterà a padroneggiare l'arte del risparmio nella vostra vita quotidiana. Sia che vogliate risparmiare, pagare i debiti o migliorare la vostra situazione finanziaria, questo libro vi fornirà gli strumenti necessari per ottenere risparmi significativi senza sacrificare la qualità della vostra vita.

Nella società odierna, in cui le spese sembrano aumentare continuamente, è essenziale sapere come gestire il proprio denaro in modo efficace. Tuttavia, molte persone si sentono sopraffatte e non sanno da dove cominciare. Les Secrets des Économies Quotidiennes vi offre un piano d'azione passo dopo passo, con consigli pratici e facili da mettere in pratica.

Il libro è suddiviso in quindici capitoli, ognuno dei quali tratta un aspetto specifico del risparmio quotidiano. Dal budget alimentare alle bollette energetiche, dagli acquisti online alle uscite e al divertimento, scoprirete un'infinità di consigli e strategie per ridurre le spese e risparmiare.

Ogni capitolo è concepito per fornire consigli concreti ed esempi pratici, consentendo di applicare subito i principi del risparmio alla vita di tutti i giorni. Che siate studenti che vogliono risparmiare sul budget della merenda o genitori con una famiglia numerosa che cercano di ridurre le spese mensili, questo libro fa per voi.

Non lasciate che il denaro controlli la vostra vita. Prendete il controllo delle vostre finanze e imparate a risparmiare ogni giorno. I Segreti del Risparmio Quotidiano vi guiderà nel vostro viaggio verso una vita più frugale, dandovi la libertà finanziaria e la tranquillità che meritate.

CAPITOLO 1: INTRODUZIONE AL RISPARMIO QUOTIDIANO

In questo primo capitolo esploreremo l'importanza del risparmio quotidiano e capiremo perché è essenziale padroneggiare questo aspetto della nostra vita finanziaria. Scopriremo anche i vantaggi che il risparmio può apportare a lungo termine e come adottare una mentalità parsimoniosa su base quotidiana.

La società in cui viviamo è guidata dal consumismo e dalla spesa eccessiva. Siamo costantemente bombardati da pubblicità che ci spingono ad acquistare nuovi prodotti, a provare nuove esperienze e a spendere i nostri soldi senza pensare. Questa frenetica mentalità consumistica può portarci a vivere al di sopra delle nostre possibilità e ad accumulare debiti.

Ecco perché è fondamentale capire l'importanza del risparmio quotidiano. Risparmiare non significa privarsi di ogni piacere o vivere in modo austero. Al contrario, significa essere consapevoli delle proprie spese, prendere decisioni informate e spendere il proprio denaro in modo intelligente.

Risparmiare denaro ogni giorno ha molti vantaggi a lungo termine. In primo luogo, ci permette di costituire un fondo di emergenza. Avere una riserva di denaro per affrontare gli imprevisti, come la riparazione dell'auto, le spese mediche o la perdita del lavoro, ci dà una preziosa tranquillità. Inoltre, il risparmio può aiutarci a raggiungere i nostri obiettivi a lungo termine, come l'acquisto di una casa, l'avvio di un'attività o la pianificazione della pensione.

Adottando quotidianamente una mentalità parsimoniosa, impariamo anche a dare più valore al nostro denaro. Invece di spendere impulsivamente, ci prendiamo il tempo necessario per valutare le nostre reali necessità e trovare modi per risparmiare. Questo ci permette di spendere il nostro denaro in modo più ponderato e di dare più valore ai nostri acquisti.

Per iniziare a risparmiare quotidianamente, è essenziale essere consapevoli delle proprie abitudini di spesa. Tenete un diario delle spese per una settimana o un mese per avere una panoramica delle vostre spese. Questo vi aiuterà a identificare le aree in cui spendete di più e quelle in cui potreste tagliare.

Una volta individuate le vostre abitudini di spesa, potete iniziare a mettere in atto delle strategie di risparmio. Ad esempio, potete redigere un bilancio mensile e destinare una certa somma di denaro a ciascuna categoria di spesa. Questo vi consentirà di controllare meglio le spese e di individuare le aree in cui è possibile tagliare.

Un'altra strategia efficace consiste nel cercare modi per risparmiare sulle spese quotidiane. Ad esempio, si possono confrontare i prezzi prima di acquistare, utilizzare buoni sconto o approfittare di offerte promozionali. Inoltre, si possono prendere in considerazione alternative più economiche per alcune spese, come preparare i pasti a casa invece di mangiare fuori.

Infine, è importante ricordare che il risparmio quotidiano non si limita alla spesa. Si può risparmiare anche adottando abitudini di risparmio energetico, come la riduzione del consumo di energia, l'uso dei trasporti pubblici o la raccolta differenziata. Queste piccole azioni possono avere un impatto significativo sul vostro bilancio e sull'ambiente.

In conclusione, il risparmio quotidiano svolge un ruolo essenziale nella nostra vita finanziaria. Ci permette di vivere in modo più responsabile, di costruire un futuro finanziario solido e di dare più valore al nostro denaro. Adottando una mentalità di risparmio quotidiano, sarete in grado di prendere il controllo delle vostre finanze e di raggiungere i vostri obiettivi finanziari a lungo termine.

CAPITOLO 2: RIDUZIONE DELLA SPESA ALIMENTARE

Il cibo è una spesa inevitabile nella nostra vita quotidiana, ma può rappresentare una parte significativa del nostro budget. In questo capitolo esploreremo diverse strategie per ridurre la spesa alimentare senza compromettere la qualità del cibo.

1. Pianificazione dei pasti: la pianificazione dei pasti è un passo essenziale per ridurre le spese alimentari. Pianificando in anticipo i pasti della settimana, è possibile stilare una lista della spesa precisa ed evitare acquisti d'impulso. Inoltre, si evitano gli sprechi alimentari, poiché si acquista solo ciò che serve.

2. Fate una lista della spesa: prima di andare al supermercato, prendetevi il tempo di stilare una lista della spesa basata sui pasti previsti. Questo vi aiuterà a evitare di acquistare articoli inutili e a concentrarvi sull'essenziale. Cercate di attenervi il più possibile alla lista per evitare acquisti impulsivi.

3. Confrontare i prezzi: non limitatevi a comprare il cibo in un solo negozio. Prendetevi il tempo di confrontare i prezzi in diversi negozi, sia online che di persona. Potreste rimanere sorpresi da

quanto i prezzi possano variare da un posto all'altro. Optate per le promozioni e gli sconti per risparmiare ancora di più.

4. Privilegiare i prodotti di stagione: i prodotti di stagione sono spesso più economici e freschi. Inoltre, è più probabile che siano coltivati localmente, il che riduce l'impronta di carbonio associata al trasporto. Scoprite quale frutta, verdura e prodotti di stagione sono disponibili nella vostra zona e includeteli nei vostri pasti per risparmiare e sostenere i produttori locali.

5. Cucinare a casa: mangiare fuori o acquistare piatti pronti può essere costoso a lungo andare. Preferite la cucina casalinga, dove avete il controllo sugli ingredienti utilizzati e sulle porzioni. Cucinare a casa vi permette anche di preparare pasti in grandi quantità, che potrete congelare e consumare in seguito, risparmiando tempo e denaro.

6. Evitare gli sprechi alimentari: gli sprechi alimentari non sono solo uno spreco di denaro, ma anche una fonte di danni per l'ambiente. Imparate a gestire gli avanzi in modo creativo, incorporandoli in nuovi piatti. Utilizzate tecniche di conservazione, come l'inscatolamento o il congelamento, per prolungare la vita degli alimenti. Inoltre, fate attenzione alle date di scadenza e utilizzate gli alimenti prima che si rovinino.

7. Acquistare all'ingrosso: Quando è possibile, scegliete di acquistare all'ingrosso. Questo vi permette di acquistare l'esatta quantità di cui avete bisogno, riducendo gli sprechi e i costi associati all'imballaggio. Portate i vostri contenitori riutilizzabili per riempire i prodotti sfusi, come cereali, legumi e spezie.

8. Coltivare un orto: se avete spazio all'aperto, prendete in considerazione la possibilità di coltivare il vostro orto. Coltivare

frutta, verdura ed erbe aromatiche riduce notevolmente i costi alimentari. Inoltre, è un'attività gratificante che vi mette in contatto con la natura e vi permette di mangiare prodotti freschi e di qualità.

Applicando queste strategie, è possibile ridurre in modo significativo i costi alimentari, preservando al contempo la qualità del cibo. Riflettete sulle vostre abitudini alimentari e adottate cambiamenti graduali per costruire un approccio più economico e sostenibile al cibo. Il vostro portafoglio e la vostra salute vi ringrazieranno.

CAPITOLO 3: RISPARMIARE SULLA BOLLETTA ENERGETICA

Le bollette dell'energia possono rappresentare una parte significativa della nostra spesa mensile. In questo capitolo esploreremo diverse strategie per ridurre i costi energetici e risparmiare sulle bollette.

1. Isolamento della casa: l'isolamento della casa è essenziale per ridurre il consumo energetico. Assicuratevi che la vostra casa sia adeguatamente isolata controllando finestre, porte, pareti e soffitte. Finestre ben sigillate e porte isolate possono ridurre la perdita di calore in inverno e mantenere la casa fresca in estate, riducendo la necessità di un eccessivo riscaldamento o condizionamento.

2. Uso efficiente del riscaldamento e dell'aria condizionata: impostate il termostato a una temperatura confortevole ma economica. Abbassando di un grado il riscaldamento o aumentando di un grado l'aria condizionata, si possono ottenere notevoli risparmi sul consumo energetico. Inoltre, prendete in

considerazione l'utilizzo di termostati programmabili che vi consentano di regolare automaticamente la temperatura in base ai vostri orari.

3. Illuminazione a risparmio energetico: sostituite le lampadine tradizionali con lampadine a LED a maggiore efficienza energetica. Le lampadine a LED consumano fino all'80% in meno rispetto a quelle a incandescenza e durano molto di più. Inoltre, spegnete le luci quando uscite da una stanza e utilizzate il più possibile la luce naturale durante il giorno.

4. Uso efficiente degli elettrodomestici: gli elettrodomestici possono rappresentare una parte significativa del consumo energetico di una famiglia. Scegliete elettrodomestici efficienti dal punto di vista energetico, optando per i modelli certificati Energy Star. Utilizzateli in modo efficiente evitando di lasciarli in stand-by e staccando la spina quando non li utilizzate. Usate cicli di lavaggio a bassa temperatura per il bucato e asciugate all'aria piuttosto che in asciugatrice.

5. Ridurre il consumo di acqua calda: l'acqua calda può rappresentare una parte significativa della bolletta energetica. Riducete la temperatura dello scaldabagno a 50-55 gradi Celsius e utilizzate docce e rubinetti a basso flusso per risparmiare acqua calda. Riparate anche le perdite d'acqua, perché anche una piccola perdita può portare a una grande perdita di acqua calda e a un aumento delle bollette.

6. Uso efficiente dei dispositivi elettronici: i dispositivi elettronici possono consumare energia anche in modalità standby. Utilizzate ciabatte con interruttori per spegnere completamente i dispositivi elettronici quando non li utilizzate. Evitate anche di lasciare i dispositivi in carica una volta che sono completamente carichi.

7. Uso responsabile dell'acqua e dell'elettricità: adottate abitudini responsabili per quanto riguarda l'uso dell'acqua e dell'elettricità. Fate docce più brevi, usate lavastoviglie e lavatrici piene e spegnete luci ed elettrodomestici quando non li usate. Questi piccoli gesti possono avere un impatto significativo sulle bollette energetiche.

Mettendo in pratica queste strategie, potrete ridurre i costi energetici e risparmiare sulle bollette. Oltre ai vantaggi economici, contribuirete anche a preservare l'ambiente riducendo la vostra impronta ecologica. Adottate queste abitudini di risparmio energetico nella vostra vita quotidiana e vedrete una differenza positiva sia per le vostre bollette che per l'ambiente.

CAPITOLO 4: CONSIGLI PER RISPARMIARE SUGLI ACQUISTI ONLINE

Gli acquisti online sono diventati una consuetudine nella nostra società connessa. Tuttavia, questo non significa che dobbiamo spendere una fortuna per ottenere ciò che ci serve. In questo capitolo esploreremo alcuni consigli su come risparmiare quando si fa shopping online e massimizzare il nostro potere d'acquisto.

1. Confrontare i prezzi: uno dei principali vantaggi dello shopping online è che si possono facilmente confrontare i prezzi tra i diversi venditori. Prima di effettuare un acquisto, prendetevi il tempo di cercare lo stesso prodotto su diversi siti web e confrontate i prezzi. Assicuratevi di prendere in considerazione anche i costi di consegna e gli eventuali codici sconto disponibili.

2. Usate i codici sconto: prima di concludere l'acquisto, cercate i codici sconto. Molti siti web offrono codici promozionali e coupon che possono essere utilizzati per ottenere sconti sugli acquisti online. Esistono anche estensioni del browser in grado di cercare e applicare automaticamente i codici sconto disponibili durante il

processo di acquisto.

3. Approfittate delle promozioni e dei saldi: lo shopping online offre spesso promozioni e saldi speciali. Tenete d'occhio i siti web dei vostri negozi preferiti per scoprire le offerte. Alcuni periodi dell'anno, come il Black Friday, il Cyber Monday o i saldi estivi, sono particolarmente indicati per ottenere grandi risparmi.

4. Iscrivetevi alle newsletter: iscrivetevi alle newsletter dei siti di e-commerce. Molti rivenditori inviano offerte esclusive e codici sconto agli iscritti alla loro mailing list. In questo modo sarete sempre aggiornati sulle promozioni e sui nuovi prodotti e vi assicurerete di non perdere nessuna offerta speciale.

5. Utilizzate i siti di cashback: i siti di cashback vi permettono di recuperare parte del denaro speso per i vostri acquisti online. Registratevi su queste piattaforme e utilizzate i loro link di affiliazione per effettuare i vostri acquisti. Otterrete un cashback che potrà essere trasferito sul vostro conto corrente o utilizzato per acquisti futuri.

6. Aspettare i periodi di saldi: se non avete bisogno di un articolo immediatamente, prendete in considerazione l'idea di aspettare i periodi di saldi per effettuare l'acquisto. I rivenditori online offrono spesso sconti profondi durante i saldi stagionali, che possono farvi risparmiare molto sui vostri acquisti.

7. Leggere le recensioni e i commenti: prima di acquistare un prodotto online, prendetevi il tempo di leggere le recensioni e i commenti degli altri utenti. Questo vi aiuterà a valutare la qualità del prodotto e a prendere una decisione informata. Fate attenzione anche alle offerte troppo allettanti o ai siti web poco affidabili. È importante essere prudenti e verificare la reputazione

del venditore prima di effettuare un acquisto.

8. Evitare gli acquisti d'impulso: Lo shopping online può essere allettante, ma è importante resistere agli acquisti d'impulso. Prendetevi il tempo di pensare alle vostre reali esigenze e all'utilità del prodotto prima di aggiungerlo al carrello. Stilate una lista dei desideri e aspettate qualche giorno prima di concludere l'acquisto. In questo modo potrete fare un passo indietro ed evitare spese inutili.

Mettendo in pratica questi consigli, è possibile risparmiare notevolmente quando si fa shopping online. Non dimenticate di essere vigili, di confrontare i prezzi, di cercare i codici sconto e di approfittare delle promozioni speciali. Lo shopping online può essere una grande opportunità per fare buoni affari, a patto che siate attenti e strategici nelle vostre transazioni online.

CAPITOLO 5: RIDUZIONE DELLE SPESE LEGATE AI TRASPORTI

I trasporti sono una spesa inevitabile nella nostra vita, che si tratti di andare al lavoro, fare la spesa o viaggiare. Tuttavia, è possibile ridurre queste spese adottando abitudini e scelte più economiche. In questo capitolo esploreremo diverse strategie per ridurre le spese legate ai trasporti e risparmiare.

1. Utilizzare i trasporti pubblici: i trasporti pubblici, come autobus, metropolitane e treni, sono spesso più economici delle auto private. Optate per i trasporti pubblici ogni volta che è possibile, soprattutto se vivete in una zona ben servita. Gli abbonamenti mensili o annuali possono offrire ulteriori sconti.

2. Condividere i viaggi: se dovete raggiungere regolarmente il lavoro o altre destinazioni, prendete in considerazione il car pooling. Condividere i viaggi con colleghi o amici permette di dividere i costi del carburante e dei pedaggi. Potete anche informarvi sulle piattaforme di car-sharing che mettono in contatto conducenti e passeggeri che condividono lo stesso

percorso.

3. Optare per la bicicletta o gli spostamenti a piedi: per gli spostamenti brevi, optate per la bicicletta o gli spostamenti a piedi. Non solo risparmierete sui costi del carburante e del parcheggio, ma migliorerete anche la vostra salute rimanendo attivi. Questi mezzi di trasporto ecologici ed economici sono ideali anche per gli spostamenti nei centri urbani, dove il traffico può essere intenso.

4. Manutenzione del veicolo: se possedete un'auto, assicuratevi di mantenerla in buono stato per ridurre al minimo i costi di carburante e di riparazione. Controllate regolarmente la pressione degli pneumatici, cambiate regolarmente l'olio e assicuratevi che il motore sia in buone condizioni. Un veicolo ben tenuto consuma meno carburante e dura di più.

5. Evitare gli ingorghi: gli ingorghi possono aumentare notevolmente il consumo di carburante e prolungare la durata dei viaggi. Pianificate i vostri spostamenti in modo da evitare le ore di punta, se possibile, utilizzate le applicazioni di navigazione per trovare i percorsi più rapidi e prendete in considerazione alternative, come il telelavoro, per ridurre il numero di spostamenti in auto.

6. Confrontate i prezzi del carburante: I prezzi del carburante possono variare da una stazione di servizio all'altra. Prima di fare il pieno, controllate le diverse stazioni di servizio della vostra zona per trovare il carburante al prezzo migliore. Potete anche utilizzare applicazioni mobili o siti web che vi mostrano i prezzi del carburante in tempo reale.

7. Favorire i veicoli a basso consumo di carburante: Se state

pensando di acquistare un nuovo veicolo, informatevi sui modelli a basso consumo. Ibridi, elettrici o con motori diesel più efficienti possono aiutarvi a risparmiare sui costi del carburante a lungo termine.

8. Usare i servizi di car-sharing: se avete bisogno di un'auto solo una volta ogni tanto, prendete in considerazione i servizi di car-sharing, come l'autonoleggio a ore o giornaliero. Può essere più conveniente che possedere un'auto propria, in quanto si paga solo quando se ne ha effettivamente bisogno.

Mettendo in pratica queste strategie, potete ridurre notevolmente i costi di trasporto. Sia che optiate per i mezzi pubblici, che condividiate i viaggi o che scegliate modalità di trasporto più economiche, ogni piccolo cambiamento può avere un impatto significativo sul vostro budget. Siate consapevoli delle vostre opzioni e fate scelte sagge per risparmiare denaro e spostarvi in modo efficiente.

CAPITOLO 6: RISPARMIARE SULLE USCITE E SULLE ATTIVITÀ DEL TEMPO LIBERO

Uscire e divertirsi è una parte importante della nostra vita sociale, ma può anche mettere a dura prova il nostro budget. In questo capitolo esploreremo alcuni consigli su come risparmiare sulle uscite e sulle attività del tempo libero, pur godendo di momenti piacevoli e divertenti.

1. Cercate le offerte speciali: prima di pianificare una gita o un'attività ricreativa, informatevi sulle offerte speciali e sugli sconti disponibili. Molti siti web offrono offerte promozionali, coupon o pacchetti che possono farvi risparmiare sui biglietti d'ingresso, sui pasti o sulle attività. Prendetevi il tempo necessario per confrontare i prezzi e scegliere l'opzione più vantaggiosa.

2. Approfittate delle tariffe ridotte: molti luoghi di intrattenimento, come musei, cinema e parchi a tema, offrono tariffe ridotte in determinate ore del giorno o a gruppi specifici

(studenti, anziani, famiglie, ecc.). Informatevi su queste offerte e programmate le vostre uscite di conseguenza per approfittare dei prezzi più bassi.

3. Organizzare uscite gratuite o a basso costo: esistono molte attività ricreative gratuite o a basso costo. Organizzate gite all'aperto, picnic, escursioni o visite a siti storici o culturali. Esplorate i parchi locali, partecipate a eventi comunitari o a laboratori gratuiti. Queste attività vi permetteranno di trascorrere del tempo di qualità senza spendere molto.

4. Abbonamenti e pass: se intendete frequentare regolarmente un luogo di intrattenimento, valutate la possibilità di sottoscrivere un abbonamento o di acquistare un pass. Molti teatri, club sportivi, centri ricreativi e musei offrono abbonamenti mensili o annuali o pass che offrono tariffe ridotte o accesso illimitato a determinate attività. Fate i conti per capire se queste opzioni sono convenienti per l'uso che intendete farne.

5. Organizzare serate a casa: uscire può essere costoso, soprattutto se si aggiunge il costo di cibo e bevande. Organizzate serate a casa invitando amici o familiari per giochi da tavolo, proiezioni di film, pasti condivisi o barbecue. In questo modo non solo si riducono i costi, ma si crea anche un ambiente intimo e amichevole.

6. Utilizzare applicazioni e siti web di prenotazione: molte applicazioni e siti web di prenotazione offrono tariffe scontate o offerte speciali su ristoranti, attività ricreative, spettacoli ed eventi. Utilizzate questi strumenti per trovare le migliori offerte disponibili nella vostra zona e risparmiare sulle vostre uscite.

7. Godetevi gli hobby a prezzi accessibili: trovate hobby accessibili che corrispondano ai vostri interessi. Optate per attività gratuite

o a basso costo come la lettura, il giardinaggio, il bricolage, lo yoga domestico o la cucina. Esplorate anche le risorse online, come tutorial o corsi gratuiti, per scoprire nuove attività senza dover spendere molto denaro.

8. Stabilite un budget per le uscite e le attività di svago: fissate un budget mensile per le uscite e le attività di svago e rispettatelo. Questo vi aiuterà a controllare le spese e a prendere decisioni più consapevoli. Potete anche accantonare una parte del budget per attività speciali o eventi che desiderate vivere in modo particolare.

Mettendo in pratica questi consigli, potrete godervi le uscite e le attività del tempo libero tenendo sotto controllo le spese. Cercate le offerte speciali, optate per attività gratuite o a basso costo, organizzate uscite a casa e stilate un budget per tenere sotto controllo le spese del tempo libero. Ricordate che è possibile divertirsi senza svuotare il portafoglio, basta essere creativi ed esplorare tutte le opzioni disponibili.

CAPITOLO 7: GESTIRE IL BUDGET IN MODO EFFICACE

Gestire efficacemente il proprio budget è essenziale per raggiungere i propri obiettivi finanziari e garantire la propria stabilità finanziaria. In questo capitolo esploreremo diverse strategie per gestire il budget in modo efficace e ottimizzare le spese.

1. Il primo passo per la gestione del budget è avere un quadro chiaro delle proprie entrate e uscite. Prendetevi il tempo necessario per valutare le vostre entrate mensili, compresi gli stipendi, le entrate supplementari e le altre fonti di reddito. Esaminate poi le vostre spese in dettaglio, suddividendole in spese fisse (affitto, bollette, ecc.) e spese variabili (cibo, intrattenimento, ecc.). Questa valutazione vi aiuterà a individuare la destinazione del vostro denaro e a prendere decisioni informate per ottimizzare il vostro budget.

2. Redigere un bilancio realistico: utilizzare le informazioni raccolte per redigere un bilancio realistico. Destinate una parte del vostro reddito a ogni categoria di spesa, compresi i risparmi. Stabilite obiettivi finanziari chiari, come l'estinzione di un debito, il risparmio per un acquisto importante o la costituzione di un

fondo di emergenza, e includeteli nel vostro budget. Assicuratevi che le spese non superino le entrate e, se necessario, modificatele per raggiungere l'equilibrio finanziario.

3. Tenere traccia delle spese: tenete regolarmente traccia delle vostre spese per assicurarvi di rispettare il budget. Potete farlo utilizzando applicazioni per il monitoraggio delle spese, registrando le spese in un'agenda o utilizzando fogli di calcolo. L'obiettivo è sapere dove va il vostro denaro, individuare le aree in cui potreste tagliare e tenere traccia dei progressi verso i vostri obiettivi finanziari.

4. Privilegiare il risparmio: il risparmio è una parte fondamentale della gestione del bilancio. Fissate un obiettivo di risparmio mensile e includetelo nel vostro budget fin dall'inizio. Fate del risparmio una priorità, proprio come il pagamento delle altre bollette. Automatizzate i vostri risparmi impostando trasferimenti automatici su un conto di risparmio ogni mese. Questo vi aiuterà a creare una riserva finanziaria e a prepararvi agli imprevisti.

5. Ridurre le spese superflue: analizzate le vostre spese e identificate le aree in cui potreste ridurre le spese superflue. Ad esempio, abbonamenti inutilizzati, spese d'impulso o abitudini di spesa eccessive. Identificate queste aree e prendete provvedimenti per ridurle o eliminarle. Ad esempio, potreste cancellare alcuni abbonamenti, adottare alternative più economiche o praticare un consumo più consapevole.

6. Negoziare bollette e contratti: non sottovalutate il potere della negoziazione. Contattate i vostri fornitori di servizi (internet, telefono, assicurazione, ecc.) per vedere se potete ottenere tariffe migliori o offerte promozionali. Esaminate anche le offerte della concorrenza e usatele come leva per negoziare con il vostro attuale

fornitore. Negoziare può farvi risparmiare molto sulle bollette mensili.

7. Pianificare le spese future: prevedete le spese future come la manutenzione dell'auto, le riparazioni della casa o le vacanze. Includere queste spese nel vostro budget vi permetterà di mettere da parte del denaro in anticipo e di non essere colti impreparati quando queste spese si presenteranno. Potete creare un fondo separato per queste spese a lungo termine.

8. Rivedere regolarmente il budget: la gestione del budget è un processo continuo. Rivedete il vostro bilancio regolarmente, valutate i vostri progressi e apportate le modifiche necessarie. La vostra situazione finanziaria può cambiare, possono emergere nuovi obiettivi e alcune spese possono variare. Siate flessibili e adattate il vostro bilancio di conseguenza per mantenere il controllo delle vostre finanze.

Mettendo in pratica queste strategie, sarete in grado di gestire il vostro budget in modo efficace e di ottimizzare le vostre spese. La gestione del budget vi permette di prendere il controllo delle vostre finanze, di raggiungere i vostri obiettivi finanziari e di vivere con maggiore tranquillità. Siate diligenti, seguite il vostro budget e regolatelo in base alle vostre esigenze e ai vostri obiettivi.

CAPITOLO 8: RISPARMIARE SUI PRODOTTI DI BELLEZZA E DI IGIENE

I prodotti per la bellezza e l'igiene possono rappresentare una parte significativa della nostra spesa mensile. Tuttavia, è possibile ridurre queste spese adottando strategie intelligenti ed economiche. In questo capitolo esploreremo diversi modi per risparmiare sui prodotti di bellezza e igiene prendendosi cura di sé.

1. Prima di acquistare prodotti di bellezza e per l'igiene, fate un elenco degli articoli di cui avete realmente bisogno. Evitate gli acquisti d'impulso e concentratevi sull'essenziale. Avendo un elenco preciso, eviterete di acquistare prodotti inutili e potrete controllare meglio le vostre spese.

2. Confrontare i prezzi: non limitatevi ad acquistare i prodotti in un solo negozio. Prendetevi il tempo di confrontare i prezzi in diversi negozi fisici e online. Potreste trovare differenze di prezzo significative per gli stessi prodotti. Non esitate ad approfittare di offerte promozionali e sconti per risparmiare ancora di più.

3. Optate per marchi convenienti: i marchi di bellezza e igiene spesso offrono alternative convenienti senza compromettere la qualità. Fate una ricerca e individuate i marchi che offrono prodotti di qualità a prezzi più accessibili. Potete anche controllare le recensioni e i commenti online per farvi un'idea delle prestazioni dei prodotti prima di acquistarli.

4. Scegliete prodotti multiuso: scegliete prodotti che abbiano diversi usi. Ad esempio, optate per un detergente per il viso che possa essere usato anche come struccante, o per un balsamo per le labbra che possa essere usato come idratante per le cuticole. Utilizzando prodotti multiuso, ridurrete il numero di prodotti da acquistare e risparmierete.

5. Utilizzate i campioni e le taglie da viaggio: approfittate dei campioni gratuiti o delle taglie da viaggio offerte dai marchi. In questo modo potrete testare i prodotti prima di acquistarli in taglia intera. Inoltre, le taglie da viaggio sono più economiche delle versioni full-size e sono ideali per i viaggi o per un uso temporaneo.

6. Preparare da sé alcuni prodotti: è possibile risparmiare preparando da sé alcuni prodotti di bellezza e di igiene. Ad esempio, potete creare il vostro scrub per il corpo mescolando zucchero e olio d'oliva, o fare una maschera nutriente per i capelli con ingredienti naturali. In rete si trovano molte ricette e tutorial che vi guideranno nella creazione dei vostri prodotti.

7. Usare le promozioni e i saldi: fate attenzione alle promozioni e ai saldi per approfittare degli sconti sui prodotti di bellezza e igiene. Molti negozi e siti web offrono offerte speciali, come "uno lo compri, uno lo ricevi gratis" o sconti profondi. Pianificate gli acquisti di conseguenza per approfittare di queste offerte speciali.

8. Usate i prodotti fino all'ultima goccia: utilizzate i prodotti fino al loro completo esaurimento. Per esempio, tagliate i tubetti di dentifricio per spremere fino all'ultima goccia o diluite lo shampoo avanzato per fare un ultimo lavaggio. Utilizzando i prodotti fino all'ultima goccia, ne massimizzerete l'uso e ne prolungherete la durata, evitando di doverne acquistare di nuovi.

Mettendo in pratica questi consigli, potrete risparmiare sulla spesa per i prodotti di bellezza e igiene. Siate consapevoli delle vostre reali esigenze, confrontate i prezzi, optate per marche convenienti e approfittate delle promozioni. Non esitate a essere creativi e a realizzare da soli alcuni prodotti. Con queste strategie, potrete prendervi cura di voi stessi rispettando il vostro budget.

CAPITOLO 9: RISPARMIARE VIAGGIANDO

Viaggiare può essere un'esperienza meravigliosa, ma ciò non significa che si debba spendere una fortuna per esplorare nuovi luoghi. In questo capitolo esploreremo alcuni consigli su come risparmiare quando si viaggia e godersi una vacanza a prezzi accessibili.

1. Pianificare in anticipo: una delle chiavi per risparmiare quando si viaggia è pianificare in anticipo. Prenotate i voli e gli alloggi con diversi mesi di anticipo per approfittare delle tariffe più basse. Inoltre, pianificando in anticipo, avrete il tempo di cercare le migliori offerte e di confrontare i prezzi per ogni aspetto del vostro viaggio.

2. Viaggiare in bassa stagione: le tariffe di voli, hotel e attrazioni turistiche possono variare notevolmente a seconda della stagione. Viaggiare in bassa stagione permette di beneficiare di tariffe più basse e di evitare la folla di turisti. Oltre a risparmiare, potrete vivere un'esperienza di viaggio più autentica.

3. Utilizzate i siti web e le app di confronto voli e hotel per trovare

i voli e gli alloggi più economici. Questi strumenti vi permettono di confrontare i prezzi di diverse compagnie aeree e hotel in un unico posto, risparmiando tempo e denaro. Non dimenticate di controllare le recensioni e i commenti dei viaggiatori per essere sicuri di ottenere il miglior rapporto qualità-prezzo.

4. Optate per un alloggio economico: optate per alloggi economici come ostelli della gioventù, bed and breakfast o case vacanza. Queste opzioni sono spesso più economiche dei grandi alberghi e offrono un'esperienza più autentica e amichevole. Potreste anche prendere in considerazione il couchsurfing, dove i viaggiatori vengono ospitati gratuitamente da persone del posto.

5. Esplorate le opzioni di trasporto locale: invece di prendere taxi o noleggiare un'auto, esplorate le opzioni di trasporto locale. Utilizzate i trasporti pubblici, come autobus, metropolitane o treni, che spesso sono molto più economici. Potete anche scegliere di noleggiare biciclette o camminare per esplorare le destinazioni locali, il che vi permetterà di scoprire la città in modo più coinvolgente.

6. Mangiare nei locali: evitate i costosi ristoranti turistici e scegliete i luoghi frequentati dalla gente del posto. Mangiare nei ristoranti locali o anche acquistare cibo nei mercati e nei negozi di alimentari può essere molto più economico. Inoltre, vi darà la possibilità di scoprire la cucina locale e di interagire con la gente del posto.

7. Approfittate delle attività gratuite o a basso costo: informatevi sulle attività gratuite o a basso costo disponibili nella vostra destinazione. Molte città offrono visite guidate gratuite, musei gratuiti in alcuni giorni della settimana o eventi culturali o artistici aperti a tutti. Controllate le agende locali e cercate online le opzioni di intrattenimento a basso costo.

8. Limitare i souvenir costosi: i souvenir possono diventare rapidamente una spesa importante durante un viaggio. Limitate gli acquisti d'impulso di souvenir costosi e optate per quelli più convenienti come cartoline, magneti o oggetti di artigianato locale. Potete anche scegliere di scattare foto per immortalare le vostre esperienze senza spendere soldi.

Mettendo in pratica questi consigli, è possibile risparmiare notevolmente quando si viaggia. Pianificate in anticipo, confrontate i prezzi, viaggiate in bassa stagione e utilizzate alloggi e trasporti economici. Esplorate le opzioni locali, approfittate delle attività gratuite e limitate le spese eccessive. Ricordate che il viaggio non riguarda solo la destinazione, ma anche l'esperienza.

CAPITOLO 10: RISPARMIARE SUI VESTITI E SULLA MODA

La moda può essere una passione per alcuni, ma questo non significa che si debba spendere una fortuna per stare al passo con le ultime tendenze. In questo capitolo esploreremo diversi consigli per risparmiare sui vestiti e sulla moda rimanendo alla moda.

1. Fate un inventario del vostro guardaroba: prima di fare qualsiasi acquisto, fate un inventario del vostro guardaroba. Identificate i pezzi che già possedete e valutatene lo stato e la versatilità. Questo vi aiuterà a capire di cosa avete realmente bisogno e a evitare di acquistare articoli simili o non necessari.

2. Scegliete la qualità piuttosto che la quantità: optate per abiti di qualità piuttosto che per capi economici che si usurano rapidamente. Anche se significa spendere un po' di più in anticipo, i capi di qualità dureranno più a lungo e vi faranno risparmiare nel lungo periodo. Cercate marchi che abbiano una buona reputazione in termini di durata e qualità costruttiva.

3. Approfittate dei saldi e delle promozioni: fate attenzione ai saldi e alle promozioni per ottenere vestiti a prezzi ridotti. I negozi spesso offrono grandi sconti durante i periodi di saldi stagionali. Potete anche iscrivervi alle newsletter dei marchi per essere sempre aggiornati su offerte speciali e codici sconto.

4. Acquistare abiti di seconda mano: gli abiti di seconda mano sono un ottimo modo per risparmiare sulle spese di moda. Esplorate i negozi dell'usato, i negozi di seconda mano o i siti web di abbigliamento di seconda mano. Si possono trovare pezzi unici e di qualità a prezzi notevolmente ridotti. Assicuratevi di ispezionare attentamente i capi per verificare che siano in buone condizioni.

5. Scambiare o prendere in prestito i vestiti: Organizzate scambi di vestiti con amici, familiari o colleghi. Potreste anche pensare di prendere in prestito i vestiti per le occasioni speciali piuttosto che acquistare nuovi abiti. In questo modo potrete diversificare il vostro guardaroba senza spendere denaro extra.

6. Imparare a fare le modifiche: se avete conoscenze di base di cucito, potete risparmiare facendo le modifiche da soli. Imparate ad accorciare i pantaloni, ad aggiustare i vestiti o a sostituire i bottoni. In questo modo, potrete dare nuova vita ai vostri abiti esistenti invece di acquistarne di nuovi.

7. Puntate su capi di base senza tempo: investite in capi di base senza tempo, come jeans di qualità, camicie bianche, blazer neri e così via. Questi capi versatili possono essere facilmente combinati con altri articoli del vostro guardaroba, consentendovi di creare look diversi senza dover acquistare ogni volta nuovi abiti.

8. Seguite le tendenze con parsimonia: non cedete a ogni tendenza passeggera. Scegliete le tendenze che volete seguire con saggezza e acquistate solo pochi pezzi chiave per completare il vostro guardaroba. In questo modo eviterete di spendere soldi per articoli che diventeranno rapidamente obsoleti.

9. Prendetevi cura dei vostri vestiti: Prendetevi cura dei vostri vestiti per prolungarne la durata. Seguite le istruzioni di lavaggio, conservateli correttamente e riparateli non appena necessario. Più si ha cura dei vestiti, meno spesso si dovranno acquistare nuovi capi.

Mettendo in pratica questi consigli, potrete risparmiare sui vestiti e sulla moda rimanendo al passo con le tendenze. Fate il punto sul vostro guardaroba, puntate sulla qualità, approfittate dei saldi, esplorate i capi di seconda mano e imparate a fare le modifiche. Non dimenticate di scegliere capi di base senza tempo e di prendervi cura dei vostri abiti per farli durare più a lungo.

CAPITOLO 11: RIDUZIONE DELLA SPESA SANITARIA E MEDICA

La salute è una priorità, ma questo non significa che dobbiate spendere una fortuna per mantenervi in forma e accedere a cure mediche di alta qualità. In questo capitolo esploreremo una serie di consigli su come ridurre le spese sanitarie e mediche preservando il vostro benessere.

1. Prevenire i problemi di salute: adottare uno stile di vita sano per prevenire i problemi di salute e ridurre le spese mediche a lungo termine. Mangiate una dieta equilibrata, fate regolarmente esercizio fisico, evitate di fumare e limitate il consumo di alcol. Prendendosi cura della propria salute, si possono evitare molti problemi sanitari costosi.

2. Controlli regolari: la prevenzione è fondamentale per individuare precocemente i problemi di salute. Sottoponetevi a controlli regolari, come esami del sangue, visite dentistiche e screening sanitari, per individuare eventuali problemi di salute. Individuando precocemente i problemi di salute, si possono

evitare costose complicazioni a lungo termine.

3. Confrontare i prezzi dei professionisti della salute: quando dovete rivolgervi a un professionista della salute, prendetevi il tempo di confrontare i prezzi. I prezzi possono variare da un professionista all'altro, anche per gli stessi servizi medici. Cercate recensioni e raccomandazioni, quindi confrontate le tariffe per trovare un professionista della salute conveniente e di qualità.

4. Utilizzare servizi sanitari gratuiti o a basso costo: informatevi sui servizi sanitari gratuiti o a basso costo disponibili nella vostra zona. Molti governi offrono programmi sanitari pubblici che forniscono servizi medici a tariffe ridotte o gratuiti. Per trovare cure mediche a prezzi accessibili, si possono anche esplorare le cliniche comunitarie, i centri sanitari locali o i programmi di assistenza medica.

5. Stipulare la giusta assicurazione sanitaria: se non avete già un'assicurazione sanitaria, esplorate le diverse opzioni disponibili e sceglietene una adatta alle vostre esigenze. Confrontate le polizze assicurative per trovare una copertura conveniente che soddisfi le vostre esigenze mediche. Assicuratevi di aver compreso le condizioni, i limiti e le esclusioni della vostra assicurazione per evitare sorprese finanziarie.

6. Usare farmaci generici: quando avete bisogno di farmaci, chiedete al medico o al farmacista se sono disponibili versioni generiche. I farmaci generici sono alternative più economiche ai farmaci di marca, ma contengono gli stessi principi attivi e sono altrettanto efficaci. Scegliendo i farmaci generici, è possibile risparmiare notevolmente sui costi dei farmaci.

7. Ricercare i costi dei farmaci: Prima di acquistare qualsiasi

farmaco, fate una ricerca sui diversi fornitori e confrontate i prezzi. Potreste trovare notevoli variazioni di prezzo da una farmacia all'altra. Non esitate a chiedere al vostro medico o al farmacista informazioni sulle opzioni più convenienti.

8. Informarsi sui programmi di assistenza finanziaria: alcuni farmaci costosi o trattamenti specifici possono beneficiare di programmi di assistenza finanziaria. Informatevi presso i produttori di farmaci o le organizzazioni sanitarie se siete idonei a beneficiare di programmi di riduzione dei costi o di assistenza finanziaria.

Mettendo in pratica questi consigli, potrete ridurre le spese sanitarie e mediche preservando il vostro benessere. Prevenire i problemi di salute, sottoporsi a controlli regolari, confrontare i prezzi dei professionisti della salute e utilizzare servizi sanitari gratuiti o a basso costo. Stipulate un'assicurazione sanitaria adeguata, optate per i farmaci generici, documentatevi sui costi dei medicinali e informatevi sui programmi di assistenza finanziaria. Una gestione responsabile della salute può aiutarvi a risparmiare e a garantirvi un futuro sano.

CAPITOLO 12: RISPARMIARE SULLA MANUTENZIONE DELLA CASA

La manutenzione della casa è un compito inevitabile, ma questo non significa che dobbiate spendere una fortuna per mantenere la vostra casa in buone condizioni. In questo capitolo esploreremo diversi consigli per risparmiare sulla manutenzione della casa e ridurre le spese.

1. Pianificate le attività di manutenzione: fate un calendario delle vostre attività di manutenzione domestica e pianificatele in anticipo. Questo vi aiuterà a organizzarvi, a non dimenticare compiti importanti e a prevenire potenziali problemi. Una manutenzione regolare vi aiuterà a evitare costose riparazioni nel lungo periodo.

2. Riparazioni fai-da-te: imparate a eseguire da soli alcune riparazioni e piccoli lavori in casa. Molte risorse online offrono tutorial e guide che vi guidano nelle riparazioni più comuni. Effettuando le riparazioni da soli, risparmierete sui costi della manodopera.

3. Usare prodotti per la pulizia fatti in casa: evitate di acquistare costosi prodotti per la pulizia optando per alternative fatte in casa. Per esempio, potete usare l'aceto bianco e il bicarbonato per pulire le superfici, il limone per rimuovere le macchie e il sapone di Marsiglia per il bucato. Questi prodotti sono economici, ecologici e altrettanto efficaci.

4. Risparmiare energia: riducete i costi energetici adottando abitudini di risparmio energetico. Spegnete le luci quando uscite da una stanza, utilizzate lampadine a risparmio energetico, programmate il termostato per regolare la temperatura e scollegate gli apparecchi elettronici quando non sono in uso. Queste piccole azioni possono ridurre notevolmente le bollette energetiche.

5. Manutenzione regolare degli elettrodomestici: fate una manutenzione regolare degli elettrodomestici per prolungarne la durata ed evitare costose riparazioni. Pulite i filtri della cappa aspirante, sbrinate regolarmente il frigorifero, pulite le bocchette dell'aria dell'asciugatrice ed eseguite una manutenzione regolare degli impianti di condizionamento e riscaldamento.

6. Riutilizzare e riciclare: dare agli oggetti una seconda vita invece di buttarli via. Riutilizzate i barattoli di vetro per riporli, trasformate i vecchi vestiti in panni per la pulizia e riciclate materiali come cartone, vetro e plastica. Riciclando e riutilizzando, ridurrete il costo dell'acquisto di nuovi prodotti.

7. Acquistare prodotti all'ingrosso: per risparmiare sui prodotti per la pulizia, acquistateli all'ingrosso. Acquistate prodotti in grandi quantità, come la carta igienica, i prodotti per la pulizia o i contenitori per la spazzatura, per ottenere prezzi ridotti per unità. Assicuratevi di conservare correttamente questi prodotti in modo

che si mantengano in buone condizioni fino al loro utilizzo.

8. Utilizzate professionisti locali: quando avete bisogno di servizi di manutenzione professionali, rivolgetevi ad aziende locali. Questo non solo sostiene l'economia locale, ma può anche aiutarvi a beneficiare di tariffe competitive. Chiedete consigli e confrontate i prezzi per trovare professionisti affidabili e convenienti.

Mettendo in pratica questi consigli, potrete risparmiare sulla manutenzione della vostra casa, preservandone la qualità e il valore. Pianificate le attività di manutenzione, eseguite da soli alcune riparazioni, utilizzate prodotti per la pulizia fatti in casa e adottate abitudini di risparmio energetico. Eseguite regolarmente la manutenzione degli elettrodomestici, riutilizzate e riciclate, acquistate materiali all'ingrosso e rivolgetevi a professionisti locali quando necessario. Prendendovi cura della vostra casa in modo economico, risparmierete a lungo termine mantenendo un ambiente pulito e confortevole.

CAPITOLO 13: CONSIGLI PER RISPARMIARE SUI REGALI E SULLE OCCASIONI SPECIALI

I regali e le occasioni speciali possono essere occasioni di gioia, ma ciò non significa che si debba spendere una fortuna per dimostrare il proprio affetto e festeggiare con i propri cari. In questo capitolo esploreremo diversi consigli per risparmiare sui regali e sulle occasioni speciali preservandone il significato e il valore.

1. Prima di fare acquisti per i regali o per le occasioni speciali, stabilite un budget chiaro. Stabilite quanto siete disposti a spendere per ogni occasione e attenetevi a quel budget. Questo vi aiuterà a prendere decisioni informate e a evitare spese eccessive.

2. Regali fatti in casa: i regali fatti in casa hanno un valore sentimentale e possono essere molto apprezzati. Usate le vostre capacità e la vostra creatività per creare regali unici come album fotografici personalizzati, biscotti fatti in casa, oggetti artigianali o poesie. I regali fatti in casa sono spesso meno costosi di quelli

acquistati in negozio, ma hanno un valore molto più personale.

3. Organizzate scambi di regali: invece di comprare regali per ogni persona nelle occasioni speciali con la famiglia o gli amici, organizzate scambi di regali. Stabilite un budget massimo per i regali e sorteggiate i nomi delle persone a cui farete i regali. In questo modo si riduce il numero di regali da acquistare, mantenendo lo spirito di generosità e di festa.

4. Fare acquisti in anticipo: anticipate le occasioni speciali e i compleanni facendo acquisti in anticipo. Quando vi imbattete in un buon affare o nel regalo perfetto per qualcuno, acquistatelo e conservatelo per l'occasione giusta. In questo modo risparmierete denaro ed eviterete le spese dell'ultimo minuto.

5. Utilizzate i siti web di voucher e codici promozionali: consultate i siti web specializzati in voucher e codici promozionali per trovare ottime offerte su regali e articoli festivi. Molti siti offrono sconti esclusivi, codici promozionali o vendite flash che consentono di acquistare regali a prezzi ridotti. Prendetevi il tempo di fare ricerche e confrontare i prezzi prima di fare acquisti.

6. Regalare esperienze piuttosto che oggetti: Invece di acquistare regali materiali, pensate a regalare esperienze memorabili. Offrite buoni per attività come una cena fuori, una giornata alle terme, una gita culturale o una fuga nel fine settimana. Le esperienze offrono momenti preziosi e possono essere meno costose dell'acquisto di regali materiali.

7. Riutilizzare e riciclare le confezioni regalo: non sprecate denaro in confezioni regalo costose e di breve durata. Riutilizzate le confezioni regalo che avete già o riciclate materiali come giornali, riviste o scampoli di tessuto per creare una confezione unica e

personalizzata.

8. Comunicare e condividere le proprie intenzioni: se volete ridurre le spese per i regali e le occasioni speciali, comunicate con i vostri cari e condividete le vostre intenzioni. Spiegate che state cercando di risparmiare e suggerite alternative come lo scambio di servizi, il trascorrere del tempo insieme o regali simbolici. L'importante è celebrare i momenti speciali e dimostrare il proprio affetto, indipendentemente dal costo dei regali.

Mettendo in pratica questi consigli, è possibile risparmiare sui regali e sulle occasioni speciali preservandone il significato e l'importanza. Stabilite un budget, fate regali fatti in casa, organizzate scambi di regali e fate acquisti in anticipo. Utilizzate i siti di buone offerte, offrite esperienze, riutilizzate le confezioni regalo e comunicate con i vostri cari. Ricordate che l'intenzione e il gesto sono più importanti del costo di un regalo e che le occasioni speciali possono essere celebrate in modo significativo ed economico.

CAPITOLO 14: RISPARMIARE PER IL FUTURO: CONSIGLI SU RISPARMIO E INVESTIMENTI

Il risparmio e gli investimenti sono fondamentali per la vostra sicurezza finanziaria a lungo termine. In questo capitolo esamineremo diversi suggerimenti e consigli per aiutarvi a risparmiare per il futuro e a prendere decisioni consapevoli in materia di risparmio e investimento.

1. Stabilite gli obiettivi finanziari: iniziate a definire i vostri obiettivi finanziari a lungo termine. Che si tratti dell'acquisto di una casa, della costituzione di un fondo di emergenza o della preparazione alla pensione, obiettivi chiari vi aiuteranno a rimanere motivati e a guidare le vostre decisioni finanziarie.

2. Redigere un budget: un budget ben definito è la chiave per risparmiare. Esaminate le vostre entrate e le vostre uscite mensili e identificate le aree in cui potete tagliare. Stabilite dei limiti alle spese discrezionali e destinate una parte del vostro reddito ai

risparmi e agli investimenti.

3. Creare un fondo d'emergenza: creare un fondo d'emergenza per coprire spese impreviste come spese mediche, riparazioni domestiche o perdita del lavoro. Puntate a risparmiare abbastanza da coprire almeno tre o sei mesi di spese di vita. Mettete questo fondo in un conto di risparmio liquido e facilmente accessibile.

4. Automatizzate i vostri risparmi: impostate dei trasferimenti automatici per trasferire ogni mese una parte del vostro reddito su un conto di risparmio. Questo vi aiuterà a risparmiare regolarmente senza alcuno sforzo aggiuntivo. Considerate i vostri risparmi come una spesa essenziale e prioritaria.

5. Ridurre il debito: Eliminare il più rapidamente possibile i debiti ad alto tasso di interesse. Concentratevi sul pagamento delle carte di credito, dei prestiti personali o dei prestiti per studenti ad alto tasso di interesse. Meno debiti significa meno interessi da pagare, con un risparmio maggiore nel lungo periodo.

6. Diversificare gli investimenti: Quando siete pronti a investire, diversificate il vostro portafoglio. Non investite tutti i vostri risparmi in un solo tipo di investimento. Investite in diversi settori, classi di attività e regioni geografiche per ridurre il rischio e massimizzare le opportunità di rendimento.

7. Esplorare le opzioni di investimento: conoscere le diverse opzioni di investimento come azioni, obbligazioni, fondi comuni di investimento, fondi indicizzati, ETF e immobili. Consultate un consulente finanziario o fate le vostre ricerche per capire i vantaggi e i rischi di ciascuna opzione e scegliete quelle che corrispondono ai vostri obiettivi e al vostro profilo di rischio.

8. Consultare un consulente finanziario: se avete bisogno di aiuto per sviluppare un piano finanziario solido, prendete in considerazione la possibilità di consultare un consulente finanziario qualificato. Un consulente può aiutarvi a definire i vostri obiettivi, a sviluppare una strategia di risparmio e di investimento e a modificare il piano in base alla vostra situazione personale.

9. Approfittate delle agevolazioni fiscali: informatevi sui vantaggi fiscali del risparmio e degli investimenti, come i piani pensionistici individuali (RRSP) o i conti di risparmio esenti da imposte (TFSA). Questi conti offrono vantaggi fiscali che possono aiutarvi ad aumentare i vostri risparmi a lungo termine.

10. Monitoraggio regolare: verificate regolarmente i progressi dei vostri risparmi e investimenti. Rivalutate i vostri obiettivi, modificate il vostro piano se necessario e assicuratevi che i vostri investimenti siano in linea con i vostri obiettivi e la vostra tolleranza al rischio.

Seguendo questi consigli per il risparmio e l'investimento, potrete mettere in atto una solida strategia finanziaria per il futuro. Stabilite degli obiettivi, create un budget, create un fondo di emergenza e automatizzate i vostri risparmi. Riducete i debiti, diversificate gli investimenti, esplorate le opzioni di investimento e, se necessario, consultate un consulente finanziario. Approfittate delle agevolazioni fiscali e monitorate regolarmente i vostri progressi. Con un approccio ponderato e proattivo, potete prendere le decisioni finanziarie giuste per garantire il vostro futuro finanziario.

CAPITOLO 15: CONCLUSIONE - ADOTTARE QUOTIDIANAMENTE UNA MENTALITÀ PARSIMONIOSA

Congratulazioni! Avete letto questo libro, ricco di suggerimenti e consigli su come risparmiare ogni giorno. Ora avete le conoscenze necessarie per adottare una mentalità di risparmio che vi aiuterà a gestire meglio le vostre finanze, a raggiungere i vostri obiettivi finanziari e a vivere in modo più consapevole.

Parsimonia quotidiana non significa privarsi di tutto, ma piuttosto prendere decisioni consapevoli per spendere i nostri soldi in modo saggio e massimizzare le nostre risorse. Questo significa ripensare alle nostre abitudini di consumo, cercare alternative economiche ed essere creativi per risparmiare senza sacrificare la qualità della vita.

Nel corso dei capitoli, abbiamo esplorato diversi aspetti del risparmio quotidiano, dalla riduzione dei costi alimentari alla gestione efficace del budget, al risparmio energetico, agli acquisti online, alle spese di trasporto, al tempo libero, alla cura della bellezza, ai viaggi, all'abbigliamento, alla salute, ai regali e agli investimenti. Imparerete a individuare le opportunità di risparmio, a prendere decisioni informate e ad applicare semplici consigli per risparmiare denaro a tutti gli aspetti della vostra vita.

Adottare quotidianamente una mentalità parsimoniosa vi porterà molti vantaggi. In primo luogo, vi aiuterà a migliorare la vostra situazione finanziaria riducendo le spese e risparmiando di più. Inoltre, vi aiuterà a liberarvi dallo stress finanziario, a raggiungere i vostri obiettivi finanziari a breve e a lungo termine e a sviluppare un solido piano per il vostro futuro finanziario.

Adottando una mentalità parsimoniosa, si sviluppa anche una maggiore consapevolezza del valore del denaro e di come si sceglie di spenderlo. Diventate più consapevoli delle vostre abitudini di spesa, delle vostre reali necessità rispetto ai vostri desideri e dell'impatto delle vostre scelte finanziarie sulla vostra vita e sull'ambiente.

Tuttavia, è importante notare che il risparmio quotidiano non deve diventare un'ossessione. È importante trovare un equilibrio tra la gestione delle finanze e il benessere generale. È perfettamente accettabile concedersi dei piaceri occasionali e godersi la vita, purché lo si faccia in modo ponderato e tenendo conto della propria situazione finanziaria.

Ricordate inoltre che il risparmio quotidiano non è un'attività isolata, ma piuttosto uno stile di vita. È un processo continuo che richiede disciplina, pazienza e perseveranza. Continuate a istruirvi, a cercare nuovi consigli per risparmiare e ad adattare il vostro approccio in base al vostro sviluppo personale e ai vostri obiettivi.

In conclusione, adottare quotidianamente una mentalità parsimoniosa è una scelta potente che può avere un impatto significativo sulla vostra vita finanziaria e sul vostro benessere generale. Mettendo in pratica i consigli contenuti in questo libro,

siete sulla buona strada per vivere una vita più consapevole, economica e soddisfacente. Quindi non aspettate oltre, prendete in mano le vostre finanze e costruite un futuro finanziariamente sicuro ed equilibrato. Godetevi il viaggio verso una vita di risparmio quotidiano!